27

In 1667s.

NOTICE NÉCROLOGIQUE

SUR

M. Constant Prévost,

Membre de l'Académie des sciences, président de la Commission centrale de la Société de géographie, etc. (1)

PAR M. DE LA ROQUETTE.

Messieurs,

La mort vous a ravi, cette année, le président de votre Commission centrale, Constant Prévost, membre de l'Académie des sciences, qui n'a fait, pour ainsi dire, qu'apparaître parmi nous, et dont la perte se fera longtemps sentir.

Connaissant l'amitié qui m'unissait à cet illustre géologue, et la bienveillance dont il m'honorait, vous m'avez chargé de vous présenter sa notice biographique ; c'est donc la vie de ce savant modeste et laborieux, que je vais essayer d'esquisser devant vous.

Prévost (Louis-Constant), membre de l'Institut et du conseil de la Société géologique, professeur de géologie à la Faculté des sciences, et président de la Commission centrale de la Société de géographie, connu dans le monde et dans la science, dont il était un des représentants les plus distingués, sous les noms de Constant Prévost, naquit, le 4 juin 1787, à Paris, où Louis Prévost, son père, qu'il perdit lorsqu'il avait

(1) Lue à l'assemblée générale de la Société de Géographie du 19 décembre 1856.

1

atteint à peine l'âge de sept ans, jouissait d'une honorable aisance ; Constance Martin, sa mère, appartenait à une famille de magistrature. Devenue veuve peu d'années après son mariage, madame Prévost épousa en secondes noces M. Bevière, dont le père était en même temps sénateur et doyen des maires et des notaires de Paris, sous le premier empire (1).

Constant Prévost retrouva dans son beau-père un attachement presque paternel ; aussi le confondait-il avec sa mère dans ses affections, et allait-il le voir souvent dans une maison de campagne, aux environs de Melun, où il s'était retiré dans les dernières années de sa vie.

Constant Prévost commença ses études dans la pension de M. Lepitre, où il se fit remarquer par un esprit précoce, surtout par une très grande aptitude pour le dessin, et une facilité de crayon qui lui a été souvent fort utile. Il suivit ensuite les cours des écoles centrales qui avaient remplacé nos anciens colléges. Il eut, dans ces derniers établissements, MM. Cuvier, Duméril et Brongniart pour principaux professeurs, et pour camarades, MM. Desmarets, Jules Cloquet, etc., qui adoptèrent comme lui la carrière des sciences, et avec lesquels il n'a jamais cessé de conserver les plus intimes relations. S'il remporta dans la pension de M. Lepitre tous les prix de dessin, Constant Prévost fut également heureux aux écoles centrales, dans les différentes branches des études scientifiques. Sa famille

---

(1) Madame Prévost n'avait eu que deux enfants de son premier mariage : Constant Prévost, et une fille qui mourut à quinze ans ; elle n'en laissa point de son second.

le destinait à la carrière du notariat qui devait lui être aisément ouverte par la situation et les relations de son beau-père. Il travailla en effet pendant plusieurs années, pour s'y préparer; mais tout en s'acquittant de ses devoirs, pour lesquels il avait peu d'inclination, Constant Prévost s'échappait fréquemment de l'étude de l'avoué et du notaire, pour assister à des cours d'histoire naturelle et de médecine, où il retrouvait ses anciens maîtres et ses premiers condisciples.

Enfin, après avoir longtemps résisté à cet entraînement, il se décida à se livrer exclusivement à l'étude de la médecine et prit ses grades en 1811. Ce fut alors qu'il se lia avec M. de Blainville, qu'il suivit avec lui et avec M. Desmarets les cours et les amphithéâtres de dissection, et travailla dans le laboratoire de Cuvier au Muséum. Toutefois, ses premiers rapports avec M. Brongniart dirigèrent plus vivement ses inclinations vers la géologie. Ce dernier l'admit dans son intimité, lui ouvrit l'entrée de ses collections et le choisit pour compagnon dans les voyages qu'il fit, de 1808 à 1813, dans le Wurtemberg, en Bohême, en Westphalie, en différentes autres parties de l'Allemagne et de la France.

Vers le commencement de cette dernière année, une maladie grave de Constant Prévost, qui paraissait produite par un excès de zèle pour les dissections anatomiques, le força de suspendre momentanément l'étude de la médecine; l'indépendance de son caractère ne contribua pas moins à cette détermination. Voyant que les études médicales étaient nuisibles à sa santé, et qu'elles ne le conduisaient, en définitive, qu'au développement de son goût pour l'histoire naturelle, en même temps que ses voyages avaient augmenté son inclination pour la géologie, but qui ne semblait pas être suffisamment utile et pratique, sa famille chercha à le diriger vers l'industrie.

Par un décret du 11 mai 1810, l'empereur Napoléon ayant promis un prix d'*un million de francs* (1) à l'inventeur, de quelque nation qu'il pût être, de la meilleure machine à filer le lin, Philippe de Girard, déjà connu des savants et dans le monde industriel par d'utiles inventions qui lui avaient mérité en 1806 une médaille d'or, se mit immédiatement à l'œuvre, et l'année n'était pas écoulée qu'il avait fait en petit une machine qui remplissait en partie le but proposé. Cet homme ingénieux y apporta successivement de telles améliorations, qu'en 1813, non-seulement il put produire une machine exécutée en grand, mais qu'il en eut plusieurs fonctionnant ensemble, rue de Vendôme et rue Charonne. Ce fut à ce moment que Constant Prévost fit la connaissance de Philippe de Girard, et fonda avec lui une société pour l'exploitation de ces machines. Il apporta dans cette entreprise, non-seulement sa coopération personnelle, mais il fournit une somme considérable, promptement consommée dans des perfectionnements de procédés et de machines dont les résultats ne furent pas avantageux pour les associés, quoique le but principal eût été atteint par la découverte fondamentale de Girard, cet esprit si éminemment inventif et créateur. Lorsque, à la fin de 1815 ou en 1816, Philippe de Girard transporta en Au-

______

(1) Cette somme n'a jamais été donnée, au surplus, ni à M. de Girard, ni à personne autre.

triche une partie de ses machines, Constant Prévost, qui continuait à partager le sort de son ami, l'accompagna et participa à la création de l'établissement fondé non loin de Vienne, au village de Hirtenberg, qui, en définitive, ne lui fut pas plus favorable qu'à l'inventeur.

Sa présence dans un pays dont la géologie était presque inconnue, détermina Constant Prévost à étudier la structure du bassin de Vienne, dont l'étude devint la base de l'un des premiers et peut-être des plus importants travaux qu'il ait publiés. A son retour en France, il le lut à l'Académie des sciences, obtint le plus complet assentiment et l'insertion de son mémoire dans la collection des savants étrangers ; mais il ne profita pas de cette faveur, fit imprimer cet écrit dans le Journal de Physique rédigé alors par son ami de Blainville, et offrit au Muséum d'histoire naturelle la collection géologique qu'il avait formée en Autriche.

Peu de temps après son retour de ce pays, Constant Prévost parcourut les falaises de la Normandie, et rédigea sur son exploration un mémoire qu'il accompagna d'une grande coupe géologique embrassant toute la côte, depuis Dieppe jusqu'à Cherbourg. Il présenta ensuite ce travail à l'Académie des sciences ; mais le rapport très favorable de Brongniart, qui a été publié, est la seule trace qui soit restée de ces recherches, que Constant Prévost se proposait toujours de compléter et de perfectionner.

En 1822, il épousa mademoiselle Target, l'une des filles du célèbre avocat au parlement de Paris, membre de l'Académie française, l'un des présidents de l'Assemblée constituante, et membre de la cour de cassation (1).

Depuis son mariage, Constant Prévost n'a plus varié dans la direction de ses études scientifiques ; il s'est exclusivement voué à la géologie. Ses mémoires, ses cours, ses voyages n'ont plus eu d'autre objet. Dès 1821, il l'avait professée à l'Athénée, puis à l'École centrale des arts et manufactures, enfin à la Faculté des sciences de Paris, où une chaire fut créée pour lui, en 1831, sur le rapport de Cuvier, par M. Guizot, ministre de l'instruction publique. Jusqu'à ce moment la géologie n'avait point eu de place spéciale à la Faculté ; elle était dans les attributions du professeur de minéralogie ; aussi Constant Prévost ne fit-il d'abord son cours que comme adjoint à cette dernière chaire, et ce ne fut que quelques années plus tard, que la géologie ayant été entièrement séparée de la minéralogie, il en devint professeur titulaire.

Nous devons mentionner ici un fait important dans la vie de Constant Prévost, qui remonte à 1829. Dans une réunion qui eut lieu pendant le courant de cette année, dans une maison particulière, où demeuraient MM. Constant Prévost, Jules Desnoyers, son beau-frère, et Deshayes, aujourd'hui président de la *Société géologique*, à une époque rapprochée de la dissolution de la

---

(1) Monsieur Target, qui s'était marié dans un âge fort avancé, mourut en 1807, laissant une veuve, jeune encore, avec quatre enfants ; un fils qui a été pendant douze ans préfet du Calvados (de 1830 à 1842, époque de sa mort), et trois filles dont l'aînée épousa Constant Prévost, la seconde, M. Allain, chef du bureau des pensions au ministère de la justice, mort en 1855, et la plus jeune, M. J. Desnoyers, bibliothécaire du Muséum d'histoire naturelle.

Société d'Histoire naturelle de Paris, Constant Prévost émit l'idée de fonder une société libre qui, sous le nom de *Société géologique de France*, serait destinée à répandre et à propager cette science, en réunissant en un faisceau puissant tous les éléments épars qui pouvaient contribuer à en assurer les progrès. L'idée de cette association fut accueillie avec le plus grand empressement par un petit nombre d'hommes éminents dans les sciences, qui s'en occupèrent dans plusieurs réunions préparatoires, et le 17 mars 1830, une quarantaine de personnes s'assemblèrent, à huit heures du soir, dans le local de la Société philomatique de Paris, sous la présidence de M. Ami Boué. Après un discours sur les avantages de la géologie, prononcé par M. Antoine Passy, Constant Prévost, remplissant les fonctions de secrétaire, lut un projet de règlement qui fut provisoirement arrêté; les bases fondamentales furent adoptées après une nouvelle lecture et une délibération sur chacun des articles, et la *Société géologique de France* se trouva constituée. Le 28 mai suivant, quatre-vingt-quinze membres ayant adhéré au règlement constitutif (1), le premier bureau, dont M. Cordier fut élu président, et Constant

(1) Ce règlement, modèle de clarté et de précision, et contenant les dispositions les plus libérales, sagement combinées, auquel Constant Prévost a largement contribué, a atteint le but que ses rédacteurs s'étaient proposé. Aussi n'a-t-il pas été nécessaire de le modifier jusqu'ici; on lui doit, en majeure partie, la prospérité toujours croissante de la *Société géologique de France;* et des Sociétés de la même nature, créées postérieurement en Allemagne (Prusse et Autriche), ont cru devoir en adopter tous les articles sans y apporter presqu'aucune modification.

Prévost l'un des vice-présidents, fut formé (1).

Au moment où Constant Prévost prit, en 1831, possession de sa chaire, la géologie était, dans l'enseignement universitaire, une science nouvelle, puisqu'il n'avait pas eu de prédécesseur à la Faculté. Il triompha habilement de toutes les difficultés de son enseignement, et pendant vingt-cinq ans, par sa parole attrayante et facile, il attira à ses cours une foule d'auditeurs, dont plusieurs aujourd'hui comptent parmi les maîtres, et contribua puissamment à propager le goût des études géologiques et à les rendre populaires.

Nous avons vu qu'avant de professer à la Faculté des sciences de Paris, il avait effectué plusieurs voyages en différentes contrées. Depuis, il en entreprit d'autres et recueillit dans tous des collections importantes dont il enrichit généreusement le Muséum d'histoire naturelle et la Faculté à laquelle il était attaché. Les collections déposées par Constant Prévost dans ces deux établissements, se composent de plus de douze mille échantillons.

Au mois de juillet 1831, une île apparut subitement au milieu de la Méditerranée, entre la Sicile et l'Afrique, à la suite de violentes éruptions volcaniques qui s'étaient fait jour à travers les eaux de la mer.

(1) Les autres membres de ce bureau furent : MM. Alexandre Brongniart, de Blainville et Brochant de Villiers, vice-présidents; Ami Boué et Élie de Beaumont, secrétaires; Dufresnoy et Jules Desnoyers, vice-secrétaires; Michelin, trésorier; et enfin Félix de Roissy, archiviste. Les douze membres du Conseil élu le 11 juin 1830, furent : MM. de Bonnard, Passy, de la Jonquaire, Walferdin, Regley, Huot, de Férussac, Héricart de Thury, Coquebert de Montbret, Delafosse, Duperrey et Deshayes.

(9)

Cet événement excita l'attention générale, et l'amiral
de Rigny, ministre de la marine, ayant offert à l'Académie des sciences de mettre à sa disposition le brick
de l'État la *Flèche*, qu'il envoyait sous la conduite du
capitaine Lapierre, pour connaître la situation exacte
de cette île nouvelle, l'Académie confia à Constant
Prévost la mission d'aller recueillir les documents et
les observations qui pourraient intéresser la géologie.

Parti de Toulon le 16 septembre, Constant Prévost
débarqua le 29 sur l'îlot volcanique encore brûlant,
et après avoir étudié avec un soin minutieux cette
terre pour laquelle il proposa le nom de *Julia*, qui
rappelle l'époque de l'événement qui lui avait donné
naissance, nom qui fut adopté, il adressa de Malte, le
3 octobre suivant, à l'Académie, un premier rapport
accompagné du plan et de la vue du cratère. Ce ne
fut qu'à son retour qu'il présenta à l'Institut l'exposé
des principaux résultats et de l'ensemble de son voyage,
dont il n'a été publié que des fragments dans le *Bulletin*
et les *Mémoires de la Société géologique*. Le plan joint à
son premier rapport, et le relief qu'il a fait depuis,
uniquement avec les matières volcaniques dont l'île
Julia était composée, et qui est déposé à la *Société
géologique*, conserveront aux générations futures le
souvenir de cet événement et le nom de celui qui l'a
décrit.

La visite de Constant Prévost à l'île *Julia* lui avait
permis d'étudier les phénomènes volcaniques sous-
marins; pour leur comparer les phénomènes volcaniques aériens, il alla examiner immédiatement la
Sicile, les îles Lipari et les environs de Naples, terres
classiques des volcans, et plus tard en 1833, les groupes

volcaniques du *Mont-Dore* et du *Cantal*, afin de s'assurer par l'étude attentive des faits, si le cône volcanique est entièrement produit par l'accumulation des
matériaux rejetés du sein de la terre, ou si une partie
de son relief est due à un soulèvement préalable de
l'écorce terrestre. Il n'adopta point cette dernière
opinion, que l'un de nos plus éminents géologues,
M. Élie de Beaumont, avait exposée dans sa théorie,
des soulèvements. Cette manière d'envisager le phéno-
mène excita dans le sein de la Société géologique de
France, dont les deux savants ont été élus plusieurs
fois présidents, de mémorables discussions soutenues
des deux côtés avec une égale ardeur de conviction, et
toujours avec la plus grande urbanité, discussions qui
se sont renouvelées bien souvent. Mais, ainsi que cela
arrive fréquemment dans des cas semblables, chacun
garda ses opinions (1). Au surplus, l'île Julia, première
origine de ce différend, n'eut qu'une existence éphémère
de quelques mois seulement, car il paraît certain que
dès le 12 janvier 1832, les marins la cherchèrent vaine-
ment à la place qu'elle avait occupée ; elle était ren-
trée dans le sein de la mer sans laisser aucune trace.

La chaire d'histoire naturelle générale et particulière du collége de France étant devenue vacante par
la mort de Cuvier, arrivée le 13 mai 1832, Constant
Prévost se mit sur les rangs comme candidat, et le
21 août de cette année, il adressa à ce sujet, à la Commission de l'Académie des sciences, une note qui a

(1) Une note, lue par Constant Prévost à l'Académie des sciences,
le 26 novembre 1855, *sur la Théorie des cônes et des cratères de soulèvement,* insérée dans les *Comptes rendus,* t. XLI, p. 919-924,
donne une idée de la persistance de ses convictions.

été imprimée, et se termine par la liste des mémoires publiés par lui, et par l'extrait de l'analyse des travaux de l'Académie, pour l'année 1827, dans lequel le célèbre naturaliste, dont la succession était disputée, émet une opinion très avantageuse sur ses travaux. M. Élie de Beaumont l'emporta et fut nommé le 23 septembre 1832; plus tard (1837), cette chaire prit le titre de *chaire d'histoire naturelle des corps inorganiques.*

Le 7 décembre 1835, Constant Prévost se présenta comme candidat à la place devenue vacante à l'Académie des sciences, section de géologie et de minéralogie, par la mort de M. Lelièvre; il crut devoir, peu de jours après, renoncer cette fois à sa candidature, dans l'intérêt de la science comme aussi par déférence pour l'Académie. Dans une lettre adressée le 13 au président de la section, il motiva ainsi sa démarche : « L'opinion que j'ai exposée devant l'Académie, relativement au mode de formation du relief de la surface de la terre, étant opposée à celle soutenue par plusieurs de mes honorables compétiteurs, je craindrais que le monde savant et le public ne regardassent le choix fait par l'Académie dans cette circonstance comme un jugement définitif porté par ce corps, sur une question d'un haut intérêt scientifique, et qui, pour être résolue, réclame encore les recherches d'observateurs libres de tous préjugés et de toutes préventions. » Dans la note de ses titres scientifiques qu'il avait, suivant l'usage, adressée à l'Académie (1), il rappelle ainsi, p. 10 et 11, l'impression que lui fit sa dernière visite

(1) Académie des sciences, section de Géologie et de Minéralogie, candidature de M. Constant Prévost. Broch. in-8° de 52 p. Paris, 1835.

à l'illustre Cuvier : « C'était au retour de mon voyage: arrivé à Rome, vers la fin d'avril 1832, j'appris , pour la première fois et par les journaux de notre ambassadeur, l'invasion et les affreux progrès du choléra dans Paris. Depuis trois mois j'étais sans nouvelles de ma famille; je suppliai M. de Sainte-Aulaire, qui partageait mes cruelles inquiétudes , de me faire partir par un bateau à vapeur qui allait quitter Civita-Vecchia. Neuf jours après j'étais à Paris, où ne trouvant ni ma mère, ni ma femme, ni mes enfants, qui, tous heureusement, avaient fui le fléau, je courus chez M. Cuvier.... Je le vois encore dans cette salle, basse et humide, où étaient alors déposés provisoirement ces masques hideux et ces têtes osseuses de la collection de Gall ; il était entouré de nombreux squelettes et, sur ses genoux, il en tenait un de petit carnassier, dont il mesurait les os. Son air défait et sa pâleur me frappèrent ; il parut, à ma voix, éprouver un pareil étonnement. Après lui avoir fait, en quelques mots, l'historique de mon voyage et lui avoir dit la cause de mon rapide retour, voici ses propres paroles, les dernières que j'ai entendues de lui et qui me seront toujours présentes : « *Vous êtes bien heureux, mon cher, d'avoir vu toutes ces choses ; j'aurais bien voulu qu'il me fût possible de les voir; vous avez bien raison, il faut faire l'anatomie de la terre avant de rêver sa physiologie; tenez, vous voyez, me voilà revenu à mes squelettes; je prépare l'ostéologie de mon grand ouvrage. Voilà le vrai,* en me montrant les ossements qu'il tenait à la main, et il ajouta : *Mais je suis souffrant, vous paraissez l'être aussi, allez rejoindre votre famille, reposez-vous, nous reparlerons de tout cela lorsque cette cruelle crise sera passée.....* »

Jamais il ne m'avait serré la main avec tant d'amitié....
Je suivis ces affectueux conseils : huit jours après,
j'appris, dans ma retraite, la perte irréparable que la
science venait de faire ; j'ai versé, dans le silence, des
larmes sincères, comme on peut le croire, sur la tombe
du grand homme, qui, lorsque je n'avais que seize
ans, m'avait parlé le premier d'histoire naturelle, qui
avait déterminé ma vocation, et dont les leçons et les
ouvrages avaient excité en moi une admiration qui ne
fut pas moins vive parce qu'elle ne fut pas aveugle, et
qui m'avait conservé sa bienveillante amitié avec son
estime, malgré mon opposition à quelques-unes de ses
idées théoriques ; car c'est M. Cuvier seul qui a déterminé la création d'une chaire de géologie dans la
Faculté des sciences, et c'est à lui seul que je dois de
l'occuper aujourd'hui.... Puissé-je me rendre digne
d'une telle protection, en ne propageant que la vérité
et en poursuivant l'erreur.... »

Douze ans après (le 7 février 1848), Constant Prévost, dont l'Académie des sciences avait été souvent à
portée d'apprécier le savoir, fut enfin admis dans le
sein de cette illustre compagnie, malgré le haut mérite
de la plupart de ses concurrents, parmi lesquels figu-
raient en première ligne MM. Ebelmen et de Sénarmont. Lorsque, le 20 du même mois de février, le roi
Louis-Philippe signa son approbation du choix de
l'Académie, un orage violent commençait à gronder ;
une révolution était près d'éclater ; quelques instants
plus tard, le souverain de la France n'aurait pu faire
usage de la prérogative royale.

Admis le 21 décembre de l'année suivante au
nombre des membres de la Société de géographie,

Constant Prévost en fut élu vice-président, le 11 avril
1851. Nommé président de la Commission centrale
le 4 janvier 1856, l'état de sa santé ne lui permit que
rarement d'en remplir les fonctions, au très grand
regret de ses collègues. Les liens étroits qui unissent
la Géographie et la Géologie, et qui ne forment pour
ainsi dire qu'une même science de ces deux branches
des connaissances humaines, rendent indispensables
au géologue des notions un peu étendues sur la géographie, de même qu'ils imposent au géographe l'obli-
gation d'en posséder de semblables sur la géologie,
lorsqu'il s'agit pour lui de traiter beaucoup de questions qui semblent souvent au premier aspect pure-
ment *géographiques*. A la fois géologue, voyageur et
géographe, quoiqu'il n'ait rien écrit de spécial sur
la géographie proprement dite, Constant Prévost
était pour nous une précieuse acquisition ; aussi en
plusieurs circonstances eûmes-nous à nous féliciter
de sa coopération éclairée. Comme à la Société géologique, comme à la Faculté des sciences, il fit ad-
mirer son savoir profond et varié, même en effleu-
rant seulement les questions qui tenaient à la fois par
quelques points à la géographie et à la géologie, et
sur lesquelles il eut à émettre son opinion. Suivant
sa constante habitude, il le fit toujours avec une ex-
trême lucidité, avec une complète franchise et une
modération pleine de bon goût.

Presque jusqu'à ses derniers moments, Constant
Prévost continua à se livrer à l'étude avec passion ; il
continua aussi de faire faire à ses élèves des excursions
géologiques dans les environs de Paris, à quelques-
unes desquelles nous avons eu l'avantage d'assister,

pour démontrer sur le terrain les leçons qu'il avait données sur les bancs de l'École, en joignant ainsi la pratique à la théorie. Il revoyait constamment ses ouvrages, corrigeant sans cesse ses manuscrits qu'il trouvait toujours trop imparfaits pour être livrés à l'impression, et réunissait les matériaux nécessaires à la publication d'un traité élémentaire de géologie, destiné à résumer ses leçons de la Sorbonne. Ce ne fut même que lorsque les premières atteintes du mal auquel il devait succomber se firent sentir, que les instances réitérées de sa famille purent le décider à renoncer au professorat, et à prendre le repos qui lui était ordonné.

Les idées fondamentales de Constant Prévost, exposées plusieurs fois dans ses écrits imprimés et dont nous n'avons pu que donner un aperçu, en consultant des hommes plus compétents que nous sur la matière, et surtout M. Jules Desnoyers qui a bien voulu nous communiquer de nombreuses notes sur son savant beau-frère, sont parfaitement connues dans la science, et il ne négligeait aucune occasion de les émettre et de les développer de vive voix (1). « Disciple des grands maîtres de la science, dit M. de Sénarmont, Constant Prévost n'avait pas soumis sans réserve ses opinions à leur autorité. Persuadé que tous les phénomènes qui nous entourent s'enchaînent sans discontinuité à ceux qui ont produit les divers états géologiques du globe, et n'en diffèrent pas essentiellement dans leurs causes et dans leurs effets, il a développé

(1) Elles sont, au surplus, très bien exposées dans les discours prononcés à ses obsèques, par MM. Delafosse et Deshayes, qui nous ont principalement servi de guides.

ces vues dans un grand nombre d'écrits originaux ; et, quand déjà ses forces trahissaient son zèle, il méditait de nouveaux voyages pour en compléter la démonstration, qu'il a incessamment poursuivie. Ses théories n'ont pas forcé la conviction de tous les géologues ; mais les plus éminents, ses maîtres eux-mêmes, n'ont pas toujours pu refuser leur assentiment aux arguments, souvent justes, et toujours ingénieux, par lesquels il a cherché à les soutenir. »

Malgré les douleurs inouïes qu'il supporta avec un courage et une résignation exemplaires, il ne perdit jamais cette haute intelligence qui le guida pendant sa vie. Pendant les souffrances de sa dernière maladie, il exprima le désir qu'on ne publiât rien des nombreux manuscrits qu'il laissait inédits, en demandant qu'on fît du tout des paquets cachetés, destinés à ses petits enfants, s'ils avaient le goût de la géologie.

Constant Prévost s'éteignit enfin le 16 août 1856.

Plusieurs discours, dans lesquels nous avons puisé quelques-unes de nos informations, ont été prononcés à ses funérailles : au nom de l'Académie et de la Faculté des sciences, par MM. de Sénarmont et Delafosse, par M. Deshayes, actuellement président de la Société géologique, et par M. Delesse, ingénieur des mines, l'un des meilleurs élèves de Constant Prévost, qui l'avait choisi pour le suppléer dans son cours de géologie de la Sorbonne.

D'un caractère doux, affectueux et bienveillant, Constant Prévost, dont les goûts étaient extrêmement simples, aimait beaucoup le séjour de la campagne ; chéri de sa famille, c'était surtout au milieu de ses enfants et de ses petits enfants, dont l'éducation occupait toujours une partie de ses moments, qu'il se trouvait heureux. Il avait su s'attirer l'amitié et l'estime de tous ceux qui avaient eu le bonheur de le connaître, et il n'a jamais perdu un seul de ses anciens amis.

Il a laissé deux filles de son mariage avec mademoiselle Amable Target ; l'aînée a épousé un militaire, M. Duval, général de brigade, et la plus jeune M. Lafisse, avocat à la Cour impériale de Paris.

Nous ne croyons pouvoir mieux terminer le récit, fort incomplet sans doute, de la vie de l'homme excellent et du savant illustre que nous venons de perdre, qu'en reproduisant textuellement quelques-unes des paroles qu'a fait entendre, sur sa tombe, M. Delafosse, comme lui professeur à la Faculté des sciences :

« ..... La vie de Constant Prévost a été calme et des
» mieux remplies ; sa mort fut des plus touchantes. Au
» milieu des souffrances qui ont marqué ses derniers
» jours, et que s'est efforcé d'adoucir le tendre dévoue-
» ment de son épouse et de ses enfants, il eut la con-
» solation de voir réunis et groupés autour de lui tous
» les objets de sa constante sollicitude. On le vit, au
» moment suprême, rassembler le peu de forces qui
» lui restaient pour les presser encore une fois sur son
» cœur, en leur disant avec les sentiments d'une âme
» véritablement chrétienne : « Mes enfants, ma femme,
» nous nous reverrons..... » Ce furent les dernières
» paroles qui expirèrent sur ses lèvres. »

—

Voici la liste des ouvrages publiés par Constant Prévost, et des principaux mémoires qu'il a insérés dans

2

les recueils de l'Académie des sciences, des Sociétés philomatique et géologique, dans les Annales des sciences naturelles, etc., etc., et que M. le docteur Lemercier, sous-bibliothécaire du Muséum d'histoire naturelle, a bien voulu compléter en les classant méthodiquement.

§ I. — GÉOLOGIE GÉNÉRALE.

1° TABLEAU *de l'Étude méthodique de la* TERRE *et du* SOL, pour l'explication des Leçons de Géologie, professées à la Fac. des sciences de Paris. — une feuille in-fol. Paris, 1847.

2° *Étude méthodique du Sol; valeur des mots* SOL, ROCHE, DÉPOT, FORMATION *et* TERRAIN (Bull. de la Soc. géologique, X., 340 — 1839);

3° *Sur les Formations aux diverses époques géologiques; du synchronisme qui existe entre elles. — des poudingues, — grès, — argiles, — calcaires, etc.* (Bull. Soc. géol. XIV, 328. — 1843);

4° *Sur le Synchronisme et les alternances des Formations Neptuniennes, et particulièrement des dépôts fluviatiles, fluvio-marins, marins-littoraux et marins-pélagiens.*
(Bull. Soc. géol., IX, 90 et 145. — 1838.)

5° *De la Chronologie des Terrains et du synchronisme des Formations.* (Bull. de la Soc. géol., (2ᵉ série) II, 366. et C. rend. de l'Acad. des sc. XX, 1062. — 1845.)

6° *Considérations sur la valeur que les géologues modernes donnent à diverses expressions fréquemment employées par eux, telles que :* ÉPOQUE ANCIENNE *et* ÉPOQUE ACTUELLE;
ÉPOQUE ANTÉ-DILUVIENNE *et* ÉPOQUE POST-DILUVIENNE;
ÉPOQUE ANTÉ-HISTORIQUE *et* ÉPOQUE HISTORIQUE;
PÉRIODE SATURNIENNE *et* PÉRIODE JOVIENNE.
(Bull. de la Soc. géol., I. 19. — 1830.)

7° *Sur les causes qui ont produit le relief actuel du Sol.*
(Bull. de la Soc. géol., X, 428 — 1839.)

8° *Propositions relatives à l'État originaire et actuel de la masse terrestre, à la formation du Sol, aux causes qui ont modifié le relief de sa surface et aux êtres qui l'ont successivement habitée.*
(C. rend. de l'Ac. des sc. XXXI, 461. — 1850).

9° EXAMEN GÉOLOGIQUE DE CETTE QUESTION : *Les Continents actuels ont-ils été à plusieurs reprises submergés par la mer?*

Lu à l'Institut les 18 juin et 2 juillet 1827.

(Mém. soc. d'hist. nat. de Paris, IV, 249 — 1828).

Ce mémoire, accompagné de notes fondues dans le texte, a été réimprimé depuis avec plusieurs autres travaux de C. Prévost, dans un volume sous le titre de : DOCUMENTS POUR L'HISTOIRE DES TERRAINS TERTIAIRES, in-8° Paris, 1835.

10° Remarques à l'occasion d'un mémoire de M. Élie de Beaumont, sur la *Corrélation des différents systèmes de Montagnes.*

(C. rend. de l'Acad. des sc. XXXI, 437 — 1850.)

11° *Remarques à l'occasion d'un rapport de M. de Verneuil, sur un mémoire de M. Marcou, relatif à la Classification des chaînes de Montagnes d'une partie de l'Amérique du Nord.*

(C. rend. de l'Ac. des sc. XL, 741 et 761 — 1855).

12° *Considérations sur la théorie des Soulèvements.*

(Bull. de la Soc. de géol., XI, 183 — 1840.)

13° *Sur la nécessité de bien fixer le sens du mot* SOULÈVEMENT, *indication précise des effets qui peuvent être considérés comme des Soulèvements, des Enfoncements, des Dislocations.*

(C. rend. de l'Acad. des sc. XL, 812 — 1855).)

14° *Sur la théorie des Cônes et des Cratères de Soulèvement.*

(C. rend. de l'Acad. des sc., XLI, 919—1855.

15° *Considérations generales et questions diverses sur les Éruptions Volcaniques.* (C. rend. de l'Acad. des sc., XLI, 866—1855.)

16° *Sur la disposition en couches inclinées des* MATIÈRES VOLCANIQUES : *Cendres, Lapilli, Scories, Nappes et Coulées de Laves.*

(Soc. philom. — L'Institut, XI, 28 — 1843.)

17° *Sur la cause qui élève la matière des Laves, ainsi que celle qui produit les Éruptions Volcaniques.*

(Soc. philom.— L'Institut, XI, 36 — 1843.)

18° *Sur le mode de formation des Cônes Volcaniques et sur celui des chaines de Montagnes.*

(C. rend. de l'Acad. des sc , I, 432 et 460—1835).

19° *Sur la formation des Cônes Volcaniques en général et en particulier sur ceux du* CANTAL *et du* MONT-DORE.

(Bull. de la Soc. géol., XIV, 217 — 1843);

20° *Observations géologiques sur le* MONT-DORE, *le* CANTAL *et le* MÉZENC. (Bull. de la Soc. philom., 1833, p. 187);

21° *Sur les groupes volcaniques du Cantal et des Monts-Dore.*
(Bull. de la Soc. géol., IV, 124 — 1834.

22° *Lettre sur les coquilles trouvées à la Somma, par M. Pilla* (sur les déductions qu'on a tirées de ce fait pour prouver que le cône du Vésuve a été formé primitivement par soulèvement.

(C. R. de l'Acad. des sc., IV, 552 et 586 — 1837);

23° *Projet d'exploration de l'Etna et des formations volcaniques de l'Italie.* (C. rend. de l'Acad. des sc., XXX, 409 — 1852);

24° *Étude des phénomènes volcaniques du Vésuve et de l'Etna*
(C. rend. de l'Acad. des sc., XLI, 794 — 1855).

25° *Note sur l'apparition récente des Glaciers, sur leur maximum de développement en Europe, leur diminution et leur disparition.*
(C. rend. de l'Acad. des sc., XXXI, 689 — 1850);

26° *Réponse à une réclamation de M. H. Lecoq, concernant l'époque à laquelle les glaciers ont commencé à jouer un rôle dans les formations géologiques.*
(C. R. de l'Ac. des sc., XXXII, 247 et 314. 1851);

27° *Quelques faits relatifs à l'origine des Silex Meulières.*
(Bull. de la Soc. philom., 1826 — 167);

28° *Nouvelles considérations sur les Grès marins supérieurs.*
(Bull. de la Soc. géol., XIII, 318 — 1842);

29° *Sur le percement des Roches Calcaires, par les Hélices.*
(Soc. philom. — L'Institut, X, 132 — 1842);

30° *Sur la perforation des Calcaires attribuée aux Hélices.*
(Bull. de la Soc. géol. (2ᵉ série) I, 453 — 1844)

31° *Sur la perforation des Roches Calcaires par les Helix.*
(C. rend. de l'Ac. des sc. XXXIX, 828 — 1854)

§ II. — GÉOLOGIE GÉOGRAPHIQUE.

32° *Description géologique du littoral de la France ; — projet d'exploration et appel aux géologues français,*
              (C. Rend. de l'Acad. des sc., XXIX, 615—1849,
                    et Bull. Soc. géol., (2ᵉ série), VII, 56—1850);

33° *Sur la composition géologique des falaises de la Normandie;* lu à l'Institut en décembre 1821 et janvier 1822.

Ce travail non publié, n'est connu que par le rapport de M. Alex Brongniart, inséré : (Ann. des sc., natur., (1ʳᵉ série) I, 239—1824);

34° *Résumé des observations géologiques faites dans les courses des environs de Boulogne-sur-Mer, en 1839.*
              (Bull. de la Soc. géolog., X, 389 — 1839);

35° *Sur la formation des terrains des environs de Paris.*
              (Bull. de la Soc. philom., 1825, — 74 et 88);
Ce travail développé a été soumis à l'Acad. des sciences de Paris en 1827, et imprimé seulement en 1835, in-8°, avec une coupe géologique, in-folio.

36° *Observations sur la coloration des Grès des environs de Paris, par divers oxydes métalliques.*
              (Bull. Soc. géol., (1ʳᵉ série), XIII, 205 — 1842,
                et Bull. *idem.* (2ᵐᵉ série) II, 386 — 1845);

37° *Sur les Grès Cobaltifères d'Orsay, (Seine et Oise),*
              (L'Institut. vol. X, 96 — 1842);

38° *Sur les Grès Coquilliers de Beauchamp et de Triel.*
              (Journal de physique, XCIV, 1 — 1822);

39° *Nouvelles observations sur les Calcaires de Château-Landon.* (Seine-et-Marne),   (Bull. de la Soc. géol., VI, 114—1835);

40° *Nouvelles recherches dans le but de déterminer définitivement la position géologique et l'âge relatif des Calcaires du Château-Landon, par rapport aux Grès de Fontainebleau. (Seine-et-Marne.)*
              (Bull. de la Soc. géol., VI, 292 — 1835);

41° *Lettre sur l'âge relatif des Calcaires de Château-Landon et des Grès de Fontainebleau (Seine-et-Marne).*

(C. rend. de l'Acad. des sc., IV, 794 — 1837);

42° *Sur l'âge des Calcaires de Château-Landon (Seine-et-Marne) et à Montmartre*

(L'Institut, VI, 202 — 1838);

43° *Sur des empreintes de corps marins trouvées dans les couches inférieures de la formation Gypseuse.*
(En commun avec M. Desmarest.)

(Bull. de la Soc. philom., — 1809. — 334.
et Journal des mines XXV, 215 — 1809);

44° *Sur les formes régulières que prend une Marne de Montmartre* en commun avec M. Desmarets ;

(Journal des mines XXV, 227 — 1809);

45° *Sur de nouveaux gisements de Mammifères fossiles trouvés aux environs de Paris.*
Ces observations ont été recueillies avec M. J. Desnoyers.

(Bull. de la Soc. géol., XIII, 311 — 1842);

46° *Considérations sur le relief actuel du sol de l'Auvergne.*
(Soc. philom., L'Institut, XI, 21—1843);

47° *Rapport adressé à M. le ministre de l'instruction publique,* *sur la Géologie et la Paléontologie du Bassin de la Garonne, et en particulier le gisement de Sansan (Gers.)*

(C. rend. de l'Acad. des sc., XX, 1830 — 1845);

48° *Note sur le gisement des fossiles de Sansan.* (Gers.)
(C. rend., de l'Acad. des sc., XXII, 673 — 1846);
et Bull. Soc. Géol. (2ᵉ série) III, 338.—1846.

49° *Note sur l'application de la théorie des affluents à la formation des terrains tertiaires, du bassin du sud-ouest de la France.*
(à l'occasion du travail de M. V. Raulin, sur l'*Aquitaine.*)

(C. rend., de l'Acad. des sc., XXVII, 65—1848);

50° *Sur les Schistes Calcaires oolithiques de Stonesfield près Oxford*
(Bull. de la Soc. philom., — 1825, p. 56);
et Ann. sc. natur. ; IV, 389 — 1825.

51° *Observations sur un mémoire de MM. Buckland et de la Bèche sur la Géologie de la baie de Weymouth.*

(Bull. de la Soc. géol., I, 68 — 1830);

52° *Mémoire sur la constitution physique et géognostique du Bassin, à l'ouverture duquel est située la ville de Vienne en Autriche,* lu à l'Institut en novembre 1820.

(Journal de physique, XCI, 347 et 460—1820);

53° *Premier rapport envoyé de Malte à l'Académie des sciences, sur la descente à l'île Julia* (nov. 1831).

(Ann. des sc. natur,, XXIV, 103 — 1831.
Nouv. ann. voyages. LII, 288 — 1831.
Bull. de la Soc. géol., II, 32 — 1832);

54° *Aperçu sur la Géologie des îles de Malte et de Goze.*

(Bull. de la Soc. géol., II, 112 — 1832);

55° *Observations faites en Sicile, au cap Passaro, dans le val de Noto, à l'Etna, à Messine et aux environs de Melazzo.*

(Bull. de la Soc. géol. II. 114 — 1832);

56° Rapport fait à l'Acad. des sc. de Paris, et à la Soc. philom., *sur le voyage à l'île Julia,* en 1831 et 1832.

(Bull. de la Soc, philom., 1833 — p. 120);

57° *Notes sur l'île Julia, pour servir à l'histoire des Montagnes Volcaniques,* avec une carte géologique de la Sicile, coupes, etc.

(Mém. de la Soc. géol., vol. II, 91 — 1835);

58° *Lettre sur le mode de formation de l'île Julia.*

(C. R. de l'Ac. des sc. IV, 857 et 889 —1837);

59° *Sur le mode d'apparition de l'île Julia.*

(Bull. de la Soc. géol., VIII, 282 — 1837);

60o *Résumé des observations faites sur la Géologie de la Sicile,* communiqué à l'Académie des sciences par M. Cordier.

(Bull. Soc. philom., 1832, p. 81, et Bull. Soc. géol. II, 403—1832.

61° *Sur le Terrain Nummulitique de la Sicile.*

(Bull. Soc. géol. (2ᵐᵉ série), II, 27, — 1845).

§ III. — PALÉONTOLOGIE.

62° *De l'importance de l'étude des corps organisés vivants pour la géologie positive* (1822.)
> (Mém. Soc. d'hist. nat. de Paris, I, 259—1824);

63° *Sur les Cavernes à ossements en général,* et celles observées en diverses parties du globe. (Soc. philom.).
> (L'Institut, VII, 146 — 1839);

64° *Sur les Cavernes à ossements des environs de Palerme.*
> (Bull. de la Soc. philom., 1833, — p. 65);

65° *Sur la découverte d'un Oiseau fossile de taille gigantesque trouvé à la partie inférieure de l'argile plastique au bas Meudon;*
Le Gastornis Parisiensis.
> (C. R. de l'Ac. des sc., XL, 554, 616 et 649 — 1855);

66° *Observations sur le gisement du Mégalosaure fossile.*
> (Bull. de la Soc. philom., 1825 — p. 41);

67° *Sur le gisement des ossements fossiles d'Ichthyosaures et de Plésiosaures dans le lias de Lyme Regis.*
> (Bull. de la Soc. philom., 1825, — p. 167);

68° *Note sur un Ichthyolite des rochers des Vaches-Noires,*
(L'Elops Macropterus.) en Normandie.
> (Bull. de la Soc. philom., 1824, — p. 41).
> (Ann. des sc. natur. III, 243 — 1824);

69° *Sur une nouvelle espèce de mollusque testacé, appartenant au genre Mélanopside (Melanopsis Daudebartii).*
> (Bull. de la Soc. philom., — 1821, p. 136);

70° *Sur une nouvelle espèce de Gyrogonite ou Capsule de chara fossile (Gyrogonites medicaginula).*
> (Bull. de la Soc. philom., 1826, — p. 186).

§ IV. — ZOOLOGIE.

71ᵉ *Prodrome d'une Monographie des Raies et des Squales*, de concert avec M. de Blainville;

> (Bull. de la Soc. philom., 1816 — p. 105),
> et Journ. de physiq. LXXXIII, 260 —1816).

§ V. — ARTICLES DIVERS.

Relatifs à la Géographie physique et à la Géologie.

M. Prévost a donné :

au *Dictionnaire des Sciences Naturelles*, — en 60 volumes in-8°, Paris, 1803 à 1830.

Les articles : Mer — et Océan (1824 et 1825).

au *Dictionnaire classique d'Histoire Naturelle* — en 17 volumes in-8°, Paris, 1822 — 1830.

Les articles : *Animaux perdus* (géologie), — *Anthropolythe* — *Basalte* — *Diluvium* — *Eaux* (géologie) — *Grès* — *Houille* — *Lias* — *Lignite* — *Mammifères fossiles* — *Marbre* — *Marées* — *Marnes* — *Paléotherium* — *Roches* — *Silex* — *Terrain.*

au *Dictionnaire universel d'histoire naturelle* en 13 vol. in-8°, et 2 vol. d'*Atlas*, Paris, 1832-1849;

Les articles : *Formation* — *Fossile* — *Géologie* — *Terrain* — *Terre* — *Volcans.*

à l'Encyclopédie *des gens du monde*, en 22 vol. in-8°, Paris 1833-44, l'article *Volcans* — (1844).

13

9 782019 999629